欽定四庫全書　子部一

心經　儒家類

提要

臣等謹案心經一卷宋真德秀撰是編集聖賢論心格言而以諸家議論為之注末附四言贊一首端平元年顏若愚鋟于泉州府學有跋一首稱其築室粤山之下雖晏息之地常如君父之臨其前淳祐二年大庾令趙時

棣又以此書與政經合刻前有德秀門人王邁序云心經一書行于世至徹禁中端平乙未公薨後兩月從臣洪公咨夔在經筵上出公心經曰真某此書朕乙夜覽而嘉之卿宜為之序其見重也如此文獻通考作心經法語與書録解題相合葢一書而二名耳明程敏政嘗為作注而疑其中有引及真西山讀書記者非德秀之原文殆後人又有所附益

馬乾隆四十六年十月恭校上

總纂官臣紀昀臣陸錫熊臣孫士毅

總校官臣陸費墀

欽定四庫全書

心經

宋 真德秀 撰

帝曰人心惟危道心惟微惟精惟一允執厥中

朱子曰心之虛靈知覺一而已矣而以為有人心道心之異者以其或生於形氣之私或原於性命之正而所以為知覺者不同是以或危殆而不安或微妙而難見爾然人莫不有是形故雖上智不能無人心

亦莫不有是性故雖下愚不能無道心二者雜於方寸之間而不知所以治之則危者愈危微者愈微而天理之公卒無以勝夫人欲之私矣精則察夫二者之間而不雜也一則守其本心之正而不離也從事於斯無少間斷必使道心常為一身之主而人心每聽命焉則危者安微者著而動靜云為自無過不及之差矣

詩曰上帝臨女無貳爾心

又曰無貳無虞上帝臨女
毛氏註曰言無敢懷貳心也
朱子曰知天命之必然而贊其決也
真西山讀書記曰此武王伐紂之事詩意雖主伐紂而言然學者平居諷詠其辭凜然如上帝之實臨其上則所以為閑邪存誠之助顧不大哉又見義而無必為之勇或以利害得喪二其心者亦宜味此言以自決也

詩曰視爾友君子輯柔爾顏不遐有愆相在爾室尚不愧于屋漏無曰不顯莫予云覯神之格思不可度思矧可射思

鄭氏曰神見人之為也女無謂是幽昧不明無見我者神見女矣

朱子曰言視爾友於君子之時和柔爾之顏色其戒懼之意常若自省曰豈不至於有過乎葢常人之情其脩於顯者無不如此然視爾獨居於室之時亦當

庶幾不愧于屋漏無曰此非顯明之處而莫予見也當知鬼神之妙無物不體其至於是有不可得而測者不顯亦臨猶懼有失況可厭射而不敬乎此言不但修之於外又當戒謹恐懼乎其所不睹不聞也

易乾之九二子曰庸言之信庸行之謹閑邪存其誠

程子曰庸信庸謹造次必於是也

又曰閑邪則誠自存不是外面將一箇誠來存着

又曰如何是閑邪非禮而勿視聽言動邪斯閑矣

易坤之六二曰君子敬以直內義以方外敬義立而德不孤直方大不習无不利則不疑其所行也

伊川曰敬立而內直義形而外方義形於外非在外也

又曰主一之謂敬直內乃是主一之義至於不敢欺不敢慢尚不愧于屋漏皆是敬之事也但存此涵養久則自然天理明

又曰心敬則內自直

龜山楊氏曰盡其誠心而無僞焉所謂直也若施之於事則厚薄隆殺一定而不可易為有方矣所主者敬而義則自此出焉故有內外之辨

損之象曰山下有澤損君子以懲忿窒慾

伊川曰修己之道所當損者惟忿與慾故懲戒其忿怒窒塞其意欲也

龜山楊氏曰九思終於忿思難見得思義以此

益之象曰風雷益君子以見善則遷有過則改

王氏註曰遷善改過益莫大焉

程子曰見善能遷則可以盡天下之善有過能改則無過矣益於人者莫大於是

復之初九曰不遠復无祇悔元吉子曰顔氏之子其殆庶幾乎有不善未嘗不知知之未嘗復行也

伊川曰失而後有復不失則何復之有惟失之不遠而復則不至於悔大善而吉也

又曰不遠而復者君子所以脩其身之道也學問之

道無他惟其知不善則速改以從善而已

横渠曰知不善未嘗復行不貳過也

子絶四毋意毋必毋固毋我毋史記作無

朱子曰意私意也必期必也固執滯也我私已也

顔淵問仁子曰克已復禮為仁一日克已復禮天下歸仁焉為仁由已而由人乎哉顔淵曰請問其目子曰非禮勿視非禮勿聽非禮勿言非禮勿動顔淵曰回雖不敏請事斯語矣

楊子曰勝己之私謂之克

伊川曰非禮處便是私意既是私意如何得仁凡人須是克盡己私皆歸於禮方始是仁

謝氏曰克己須從性偏難克處克將去

仲弓問仁子曰出門如見大賓使民如承大祭己所不欲勿施於人在邦無怨在家無怨仲弓曰雍雖不敏請事斯語矣

伊川曰如見大賓如承大祭敬也敬則不私一不敬

則私欲萬端害於仁矣

朱子曰敬以持己恕以及物則私意無所容而心德全矣

中庸天命之謂性率性之謂道修道之謂教道也者不可須臾離也可離非道也是故君子戒慎乎其所不睹恐懼乎其所不聞莫見乎隱莫顯乎微故君子必慎其獨也喜怒哀樂之未發謂之中發而皆中節謂之和中也者天下之大本也和也者天下之達道也致中和天

地位焉萬物育焉

朱子曰子思首明道之本原出於天而不易其實體備於已而不可離次言存養省察之要終言聖神功化之極蓋欲學者於此反求諸身而自得之以去夫外誘之私而充其本然之善

又曰君子之心常存敬畏雖不見聞亦不敢忽所以存天理之本然而不使離於須臾之頃也

又曰隱暗處也微細事也獨者人所不知而已所獨

知之地也言幽暗之中細微之事跡雖未形而幾則已動人雖不知而已獨知之則是天下之事無有著見明顯而過於此者是以君子既常戒懼而於此尤加謹焉所以遏人欲於將萌而不使其潛滋暗長於隱微之中以至離道之遠也

詩云潛雖伏矣亦孔之昭故君子內省不疚無惡於志君子之所不可及者其惟人之所不見乎詩云相在爾室尚不愧于屋漏故君子不動而敬不言而信

程子曰學始於不欺暗室

又曰不愧屋漏與謹獨是持養氣象

朱子曰人之所不見此君子謹獨之事也承上文又言君子之戒謹恐懼無時不然不待言動而後敬信則其為己之功益加密矣

大學所謂誠其意者毋自欺也如惡惡臭如好好色此之謂自謙（謙讀為慊）故君子必慎其獨也小人閒居為不善無所不至見君子而后厭然揜其不善而著其善人之

視己如見其肺肝然則何益矣此謂誠於中形於外故君子必慎其獨也曾子曰十目所視十手所指其嚴乎富潤屋德潤身心廣體胖故君子必誠其意

朱子曰獨者人所不知而己所獨知之地也言欲自修者知為善以去其惡則當實用其力而禁止其自欺使其惡惡則如惡惡臭好善則如好好色皆務決去而求必得之以自快足於己不可徒茍且以徇外而為人也然其實與不實葢有他人所不及知而已

獨知之者故必謹之於此以審其幾焉
鄭氏註曰厭讀為黶厭閉藏貌也
朱子曰厭然銷沮閉藏之貌此言小人陰為不善而陽欲揜之則是非不知善之當為與惡之當去也但不能實用其力以至此爾然欲揜其惡而卒不可揜欲詐為善而卒不可詐則亦何益之有哉此君子所以重以為戒而必謹其獨也
又曰心無愧怍則廣大寛平而體常舒泰

所謂修身在正其心者身（身當作心）有所忿懥則不得其正有所恐懼則不得其正有所好樂則不得其正有所憂患則不得其正心不在焉視而不見聽而不聞食而不知其味此謂修身在正其心

朱子曰四者皆心之用而人所不能無者然一有之而不能察則欲動情勝而其用之所行或不能不失其正矣

又曰心有不存則無以檢其身是以君子必察乎此

而敬以直之然後此心常存而身無不修也

樂記君子曰禮樂不可斯須去身致樂以治心則易直子諒之心油然生矣易直子諒之心生則樂樂則安安則久久則天天則神天則不言而信神則不怒而威致樂以治心者也致禮以治躬則莊敬莊敬則嚴威中心斯須不和不樂而鄙詐之心入之矣外貌斯須不莊不敬而易慢之心入之矣故樂也者動於內者也禮也者動於外者也樂極和禮極順內和而外順則民瞻其顏

色而弗與爭也望其容貌而民不生易嫚焉故德輝動

於內而民莫不承聽理發諸外而民莫不承順故曰致

禮樂之道舉而措之天下無難矣

唐孔氏曰和易正直子愛諒信

鄭氏註曰致猶深審也油然新生好貌也善心生則

寡於利欲則樂矣

又曰樂由中出故治心禮自外作故治躬

又曰鄙詐入之謂利欲生

君子反情以和其志比類以成其行姦聲亂色不留聰明淫樂慝禮不接心術惰慢邪僻之氣不設於身體使耳目鼻口心知百體皆由順正以行其義

唐孔氏曰反情反去情欲也比類比擬善類也

君子樂得其道小人樂得其欲以道制欲則樂而不亂以欲忘道則惑而不樂

鄭氏註曰道謂仁義欲謂淫邪也

程子曰人雖不能無欲然當有以制之無以制之而

惟欲之從則人道廢而入於禽獸矣

孟子曰人皆有不忍人之心先王有不忍人之心斯有不忍人之政矣以不忍人之心行不忍人之政治天下可運之掌上所謂人皆有不忍人之心者今人乍見孺子將入於井皆有怵惕惻隱之心非所以内交於孺子之父母也非所以要譽於鄉黨朋友也非惡其聲而然也由是觀之無惻隱之心非人也無羞惡之心非人也無辭讓之心非人也無是非之心非人也惻隱之心仁

之端也羞惡之心義之端也辭讓之心禮之端也是非之心知之端也人之有是四端也猶其有四體也有是四端而自謂不能者自賊者也謂其君不能者賊其君者也凡有四端於我者知皆擴而充之矣若火之始然泉之始達苟能充之足以保四海苟不充之不足以事父母

朱子曰人之所以為心不外乎是四者故因論惻隱而悉數之言人若無此則不得謂之人所以明其必

有也
又曰擴推廣之意充滿也四端在我隨處發見知皆
即此推廣之以滿其所賦之量則其日新又新將有
不能自已者能由此而遂充之雖保四海可也
又曰此章所論人之性情心之體用最為詳密讀者
宜深味之
程子曰人皆有是心惟君子為能擴而充之不能然
者皆自棄也然其充與不充亦在我而已矣

孟子曰矢人豈不仁於函人哉矢人惟恐不傷人函人惟恐傷人巫匠亦然故術不可不慎也孔子曰里仁為美擇不處仁焉得智夫仁天之尊爵也人之安宅也莫之禦而不仁是不智也不仁不智無禮無義人役也人役而恥為役由弓人而恥為弓矢人而恥為矢也如恥之莫如為仁仁者如射射者正巳而後發發而不中不怨勝巳者反求諸巳而巳矣

朱子曰仁義禮智皆天所與之良貴而仁者天地生

物之心得之最先而兼統四者所謂元者善之長也故曰尊爵在人則為本心全體之德有天理自然之安無人欲陷溺之危人當常處其中而不可須臾離者也故曰安宅

又曰此亦因人愧恥之心而引之使志於仁也不言智禮義者仁該全體能為仁則三者在其中矣

孟子曰大人者不失其赤子之心者也

朱子曰大人智周萬物赤子全未有知其心疑若甚

不同矣然其不為物誘而純一無偽則未嘗不同也

故言其所以為大人者特在於此

孟子曰牛山之木嘗美矣以其郊於大國也斧斤伐之可以為美乎是其日夜之所息雨露之所潤非無萌糵之生焉牛羊又從而牧之是以若彼濯濯也人見其濯濯也以為未嘗有材焉此豈山之性也哉雖存乎人者豈無仁義之心哉其所以放其良心者亦猶斧斤之於木也旦旦而伐之可以為美乎其日夜之所息平旦之

氣其好惡與人相近也者幾希則其旦晝之所為有梏亡之矣梏之反覆則其夜氣不足以存夜氣不足以存則其違禽獸不遠矣人見其禽獸也而以為未嘗有才焉者是豈人之情也哉故苟得其養無物不長苟失其養無物不消孔子曰操則存舍則亡出入無時莫知其鄉惟心之謂與

朱子曰良心者本然之善心即所謂仁義之心也平旦之氣謂未與物接之時清明之氣也好惡與人相

近言得人心之同然也幾希不多也梏械也反覆展轉也言人之良心雖已放失然其日夜之閒亦必有所生長故平旦未與物接其氣清明之際此心猶必有發見者但其發見至微而旦晝所為之不善者又已隨而梏亡之如山木既伐猶有萌蘖而牛羊又牧之也晝之所為既熾則必有以害其夜之所息夜之所息既薄則愈不能勝其晝之所為是以展轉相害至於平旦之氣亦不能清而不足以存其仁義之良

心也

又曰孔子言心操之則在此捨之則失去其出入無定時亦無定處孟子引之以明心之神明不測危動難安如此不可頃刻失其養也

程子曰心豈有出入亦以操舍而言耳操之之道敬以直内而已愚聞之師曰此章之指最為要切學者宜熟玩而深省之

孟子曰仁人心也義人路也舍其路而弗由放其心而

不知求哀哉人有雞犬放則知求之有放心而不知求
學問之道無他求其放心而已矣

程子曰心本善而流於不善所謂放也

朱子曰仁者心之德也程子所謂心譬如穀種生之
性乃仁也即此意也然但謂之仁則不知其切於已
故反而名之曰人心則可以見其為此身酬酢萬變
之主而不可須臾失矣義者行事之宜謂之人路則
可以見其為出入往來必由之道而不可須臾舍矣

又曰至貴在我而自失之是可哀已

又曰學問之事固非一端然皆以求夫不失本心之正而已無他道也

程子曰聖賢千言萬語只是欲人將已放之心約之使反復入身來自能尋向上去下學而上達也此章孟子指示學者用力之方最為深切學者所宜服膺而勿失也

孟子曰今有無名之指屈而不信非疾痛害事也如有

能信之者則不遠秦楚之路為指之不若人也指不若人則知惡之心不若人則不知惡此之謂不知類

朱子曰不知類言其不知以類而推之

孟子曰人之於身也兼所愛兼所愛則兼所養也無尺寸之膚不愛焉則無尺寸之膚不養也所以考其善不善者豈有他哉於已取之而已矣體有貴賤有小大無以小害大無以賤害貴養其小者為小人養其大者為大人今有場師舍其梧檟養其樲棘則為賤場師焉養

其一指失其肩背而不知也則為狼疾人也飲食之人則人賤之矣為其養小以失大也飲食之人無有失也則口腹豈適為尺寸之膚哉

朱子曰賤而小者口腹也貴而大者心志也

公都子問曰鈞是人也或為大人或為小人何也曰從其大體為大人從其小體為小人曰鈞是人也或從其大體或從其小體何也曰耳目之官不思而蔽於物物交物則引之而已矣心之官則思思則得之不思則不

得也此天之所與我者先立乎其大者則其小者弗能奪也此為大人而已矣

朱子曰官之為言主也耳主聽目主視而不能思是以蔽於外物心則主思而外物不能蔽此耳目所以為小體而心所以為大體也耳目既為小體而蔽於物則亦一物爾以外物交於此物則引之而去必矣心雖大體而能不蔽於物然或不思則不得於理而耳目用事終亦不免為物所引而去也此二者所以

雖皆出於天賦而其大者又不可以不先立也

孟子曰饑者甘食渴者甘飲是未得飲食之正也饑渴害之也豈惟口腹有饑渴之害人心亦皆有害人能無以饑渴之害為心害則不及人不為憂矣

朱子曰口腹為饑渴所害故於飲食不暇擇而失其正味人心為貧賤所害故於富貴不暇擇而失其正理也

又曰人能不以富貴之故而厭貧賤則過人遠矣此

章言人不可以小害大不可以末害本

孟子曰魚我所欲也熊掌亦我所欲也二者不可得兼舍魚而取熊掌者也生亦我所欲也義亦我所欲也二者不可得兼舍生而取義者也生亦我所欲所欲有甚於生者故不為苟得也死亦我所惡所惡有甚於死者故患有所不辟也如使人之所欲莫甚於生則凡可以得生者何不用也使人之所惡莫甚於死者則凡可以辟患者何不為也由是則生而有不用也由是則可以

辟患而有不為也是故所欲有甚於生者所惡有甚於死者非獨賢者有是心也人皆有之賢者能勿喪爾一簞食一豆羹得之則生弗得則死嘑爾而與之行道之人弗受蹴爾而與之乞人不屑也萬鍾則不辨禮義而受之萬鍾於我何加焉為宮室之美妻妾之奉所識窮乏者得我與鄉為身死而不受今為宮室之美為之鄉為身死而不受今為妻妾之奉為之鄉為身死而不受今為所識窮乏者得我而為之是亦不可以已乎此之

謂失其本心

朱子曰本心謂羞惡之心言三者身外之物其得失比生死為甚輕鄉為身死猶不肯受嘑蹴之食今乃為三者而受無禮義之萬鍾是豈不可以止乎蓋羞惡之心人所固有然或能決死生於危迫之際而不免計豐約於宴安之時是以君子不可頃刻而不省察於斯焉

孟子曰鷄鳴而起孳孳為善者舜之徒也鷄鳴而起孳

孳為利者跖之徒也欲知舜與跖之分無他利與善之間也

程子曰言間者謂相去不遠所爭毫末耳善與利公私而已矣才出於善便以利言也

楊氏曰舜跖之相去遠矣而其分乃在利善之間而已是豈可以不謹然講之不熟見之不明未有不反以利為義者又學者所當深察也

或問鷄鳴而起若未接物如何為善程子曰只主於

敬便是為善

孟子曰養心莫善於寡欲其為人也寡欲雖有不存焉者寡矣其為人也多欲雖有存焉者寡矣

朱子曰欲謂口鼻耳目四肢之所欲雖人之所不能無然多而不節則未有不失其本心者學者所當深戒也

程子曰不必沉溺然後為欲但有所向則為欲矣

南軒曰有所向則為欲多欲則百慮紛紜其心外馳

尚何所存乎

周子養心說曰孟子曰養心莫善於寡欲其為人也寡欲雖有不存焉者寡矣其為人也多欲雖有存焉者寡矣予謂養心不止於寡而存耳蓋寡焉以至於無無則誠立明通誠立賢也明通聖也是聖賢非性生必養心而至之養心之善有大焉如此存乎其人而已

周子通書曰聖可學乎曰可有要乎曰有請問焉曰一為要一者無欲也無欲則靜虛動直靜虛則明明則通

動直則公公則溥明通公溥庶矣乎

程子曰顔淵問克己復禮之目子曰非禮勿視非禮勿聽非禮勿言非禮勿動四者身之用也由乎中而應乎外制於外所以養其中也顔淵事斯語所以至於聖人學者宜服膺而勿失也因箴以自警其視箴曰心兮本虛應物無迹操之有要視為之則蔽交於前其中則遷制之於外以安其内克己復禮久而誠矣其聽箴曰人有秉彝本乎天性知誘物化遂亡其正卓彼先覺知止

有定閑邪存誠非禮勿聽其言箴曰人心之動因言以宣發禁躁妄內斯靜專矧是樞機興戎出好吉凶榮辱惟其所召傷易則誕傷煩則支已肆物忤出悖來違非法不道欽哉訓辭其動箴曰哲人知幾誠之於思志士勵行守之於為順理則裕從欲惟危造次克念戰兢自持習與性成聖賢同歸

范氏心箴曰茫茫堪輿俯仰無垠人於其閒眇然有身是身之微太倉稊米參為三才曰惟心爾往古來今孰

無此心心為形役乃獸乃禽惟口耳目手足動靜投閒抵隙為厥心病一心之微衆欲攻之其與存者嗚呼幾希君子存誠克念克敬天君泰然百體從令

朱子敬齋箴曰正其衣冠尊其瞻視潛心以居對越上帝足容必重手容必恭擇地而蹈折旋蟻封出門如賓承事如祭戰戰兢兢罔敢或易守口如瓶防意如城洞洞屬屬罔敢或輕不東以西不南以北當事如存靡他其適弗貳以二弗參以三惟心惟一萬變是監從事於

斯是曰持敬動靜弗違表裏交正須臾有閒私慾萬端不火而熱不氷而寒毫釐有差天壤易處三綱既淪九法亦斁於乎小子念哉敬哉墨卿司戒敢告靈臺

求放心齋銘曰天地變化其心孔仁成之在我則主于身其主伊何神明不測發揮萬變立此人極晷刻放之千里其奔非誠曷有非敬曷存孰放孰求孰亡孰有詘伸在臂反覆惟手防微謹獨茲守之常切問近思曰惟以相

尊德性齋銘曰維皇上帝降此下民何以予之曰義與仁維義與仁維帝之則欽斯承斯猶懼弗克孰昏且狂茍賤汙卑淫視傾聽惰其四支褻天之明嫚人之紀甘此下流衆惡之委我其監此祗栗厥心有幽其室有赫其臨執玉奉盈須臾顛沛任重道悠其敢或怠

西山心經贊

舜禹授受　十有六言　萬世心學

此其淵源　人心伊何　生於形氣

有好有樂　有忿有懥　惟欲易流
是之謂危　須臾或放　衆慝從之
道心伊何　根於性命　曰義曰仁
曰中曰正　惟理無形　是之謂微
毫芒或失　其存幾希　二者之間
曾弗容隙　察之必精　如辨白黑
知及仁守　相為始終　惟精故一
惟一故中　聖賢迭興　體姚法姒

提綱挈維　昭示來世　戒懼謹獨
閑邪存誠　曰忿曰慾　必窒必懲
上帝寔臨　其敢或貳　屋漏難隱
寧使有愧　四非當克　如敵斯攻
四端既發　皆擴而充　意必之萌
雲卷席撤　子諒之生　春嘘物茁
雞犬之放　欲其知求　牛羊之牧
濯濯是憂　一指肩背　孰貴孰賤

簞食萬鍾　辭受必辨　克治存養
交致其功　舜何人哉　期與之同
維此道心　萬善之主　天之予我
此其大者　斂之方寸　太極在躬
散之萬事　其用弗窮　若寶靈龜
若奉拱璧　念茲在茲　其可弗力
相古先民　歷歷相傳　操約施博
孰此為先　我來作州　茅塞是懼

爰輯格言　以滌肺腑　明牕棐几

清晝鑪熏　開卷肅然　事我天君

右心經

西山先生摭聖賢格言自為之贊者也先生之心學繇考亭而遡濂洛洙泗之源存養之功至矣故其行己也上帝臨女可以對越而無媿其臨民也若保赤子痒痾疾痛真切於吾身其立朝也憂國如饑渴所言皆至誠惻怛之所形而非以衒直也其將勸講

若齋戒以交神明而冀其感悟也迨退而築室粵山之下雖晏息之地常如君父之臨其前其著書皆本於中庸大學雖遊戲翰墨一出於正也然猶夜氣有箴勿齋有箴敬義齋有銘晚再守泉復輯成是書晨興必焚香危坐誦十數過盎無一日不學亦無一事非學其內外交相養如此若愚老將至矣學不加進然尚竊有志焉手抄此經晝誦而夜思之庶幾其萬一復鋟板于郡學與同志勉云端平改元十月既望

後學顔若愚敬書

心經

仿古版文淵閣四庫全書
子部・心經

編纂者◆（清）紀昀 永瑢等
發行人◆王春申
編輯指導◆林明昌
營業部兼任
編輯部經理◆高珊
編印者◆本館四庫籌備小組
承製者◆博創印藝文化事業有限公司

出版發行：臺灣商務印書館股份有限公司
23150 新北市新店區復興路 43 號 8 樓
電話：(02)8667-3712　傳真：(02)8667-3709
讀者服務專線：0800056196
郵撥：0000165-1
E-mail：ecptw@cptw.com.tw
網路書店網址：www.cptw.com.tw
網路書店臉書：facebook.com.tw/ecptwdoing
臉書：facebook.com.tw/ecptw
部落格：blog.yam.com/ecptw

局版北市業字第 993 號
初版一刷：1986 年 5 月
二版一刷：2010 年 10 月
三版一刷：2012 年 10 月
三版二刷：2016 年 2 月
定價：新台幣 900 元　A7620259

國立故宮博物院授權監製
臺灣商務印書館數位製作

ISBN 978-957-05-2782-7

國家圖書館出版品預行編目 (CIP) 資料

欽定四庫全書．子部 ： 心經／（清）紀昀， 永瑢等
編纂．-- 三版．-- 臺北市 ： 臺灣商務， 2012. 10
面；　　公分
ISBN 978-957-05-2782-7（線裝）

1. 四庫全書

082.1　　101021435